인물로 시작하는 한국사 첫걸음

삼국의 영웅

김해등 글 정인성·천복주 그림

스푼북

작가의 말

내가 역사 속 주인공이 되는 시간

어렸을 적 우리 동네에는 커다란 공터가 있었어요. 그 공터는 넓고 평평해서 아이들의 훌륭한 놀이터가 됐어요. 날마다 학교 운동장에서 노는 것도 모자라 동네 놀이터에서 해 저무는 줄도 모르고 놀았었죠.

그때 가장 재미있었던 놀이는 '고백신 놀이'였어요. 고구려, 백제, 신라 삼국으로 편을 나누어서 서로 상대를 물리치고 땅을 빼앗는 놀이예요. 고백신 놀이에서 승패가 곧잘 결정 나는 전술이 있었는데 바로 '당나라 조약'이에요. 두 나라가 동맹을 맺고 한 나라를 공격하여 쓰러뜨릴 때 쓰는 전술이죠. 하지만 동맹을 맺는다고 모두 승리하는 건 아니에요. 조약을 맺은 대가를 치러야 하거나, 눈치 싸움 같은 온갖 지혜를 발휘해야 승리할 수 있었지요. 실제 삼국 시대처럼 긴장감 가득한 놀이였답니다.

고백신 놀이를 하면서 역사 공부 생각은 눈곱만큼도 없었어요. 그저 빼앗고 지키고 통일하는 재미에 푹 빠져 놀이를 즐겼을 뿐이지요. 그런데 참 묘한 것은 그 놀이를 하고 난 뒤부터는 역사 공부가 어렵거나 낯설지 않았다는 거예요. 맞아요. 아무리 역사가 어렵다고 고개를 절레절레 흔들어도 놀이로 바꾸는 순간 흥미로워진답니다.

거기다 고백신 놀이에서는 내가 삼국 시대의 주인공이 될 수 있었어요.

그러니 더욱 치열하게 어떻게 해야 나라의 영토를 더 넓힐 수 있을까 고민했지요.

《삼국의 영웅》을 읽는 여러분도 놀이하듯이, 역사 속 이야기의 주인공이 되어 보세요. 그러면 오랜 시간을 뛰어넘어 즐겁게 삼국의 찬란한 전성기를 연 인물들의 이야기 속으로 빠져들 수 있을 거예요.

놀이로 역사를 배웠던

김해등 아저씨가

차례

1. 백제의 전성기를 열다
근초고왕 … 6

궁 밖에서 만난 백성들의 삶
백제가 나아갈 길
백제의 깃발을 높이 올려라!
평양성 전투
찬란한 백제의 꿈

2. 대륙을 호령하다
광개토 대왕 … 34

열여덟 살의 왕
관미성 정복
백제와의 대결
요동을 정벌하라!
위대한 고구려의 꿈

3. 한강을 차지하고 신라의 전성기를 이끌다
진흥왕 … 62

진정한 왕이 되는 길
신라의 새로운 시작은 한강에서부터
영원한 동맹은 없다!
삼국 제일의 국가로 우뚝 서다
삼국 통일의 길

인물의 발자취를 찾아 떠나는 여행 … 88

인물 연표 … 96

찾아보기 … 98

백제의 전성기를 열다

근초고왕

궁 밖에서 만난 백성들의 삶

347년, 백제의 도성인 한성 거리.

"저놈 잡아라!"

우락부락한 사내 대여섯 명이 초라한 차림의 남자를 쫓고 있었어. 허둥지둥 도망치던 남자는 평범한 옷차림으로 걷고 있던 근초고왕 앞에서 그만 고꾸라지고 말았지. 왕위에 오른 지 1년이 지난 근초고왕은 백성들의 삶을 살피기 위해 장군 막고해와 함께 저잣거리를 돌아보던 중이었어.

"사, 살려 주세요."

쫓기던 남자가 근초고왕에게 간절하게 말했어. 곧바로 들이닥친 사내들이 남자와 근초고왕을 에워쌌어. 아무도 변장한 근초고왕을 알아보지 못했지. 장군 막고해가 앞을 막아섰어.

"웬 놈들이냐?"

"우리가 누군지 알고 덤비는 것이냐! 네놈이야말로 썩 비키지 못할까?"

사내들이 막고해를 밀치려 하자, 막고해는 순식간에 사내들을 모

두 때려눕혔어. 사내들은 예상치 못한 공격에 놀라서 부리나케 도망쳤지.

"대체 무슨 일이오?"

근초고왕은 쫓기던 남자에게 사정을 물었어.

"흑흑, 강도들이 득실대는 세상에서 살아갈 수가 없습니다."

농사를 짓는다는 남자는 눈물을 흘리며 사정을 털어놓았어. 남자가 말하는 강도들은 다름 아닌 세금을 걷는 관리들을 가리키는 것이었어.

"힘들게 농사를 지어도 세금으로 다 빼앗겨 버려 가족들이 먹을 식량도 남지 않습니다. 그것도 모자라 농사철이 끝나면 나랏일에 동원되고, 툭하면 전쟁터로 끌려 나가니 하루하루 살아가는 것이 너무나 힘듭니다."

남자는 자신뿐만 아니라 대부분의 백성들이 같은 처지라고 말했어. 남자의 이야기를 듣던 근초고왕은 주먹을 불끈 쥐었어. 마음이 아프면서도 화가 났지.

"높은 관직에 앉은 자들이 온갖 횡포를 저질러서 우리같이 힘없는 백성들은 살 수가 없습니다."

"방금 그 사내들에게 쫓기던 것도 그 때문이오?"

"굶어 죽을 수 없어서 쌀을 빌렸는데 기간이 지나도록 갚지 못하자 저를 붙잡아 노비로 삼겠다지 뭡니까. 흑흑!"

"……."

근초고왕은 할 말을 잃고 말았어. 올바르게 세금을 걷는 것도, 백성들이 어려움 없이 살 수 있도록 돌보는 것도 왕의 책임이었거든. 근초고왕이 백제의 제13대 왕으로 즉위할 때까지도 백제는 왕권 다툼으로 몹시 혼란스러웠어.

'왕에 대한 불만을 잠재우기 위해 힘센 귀족들에게 높은 관직을 주었던 것이 이런 결과를 가져온 것인가?'

근초고왕은 마음이 괴로웠어.

남자와 헤어져 돌아오는 길에 근초고왕은 막고해에게 물었어.

"내가 어찌하면 좋겠느냐?"

"왕권은 민심으로부터 나온다고 했습니다. 그러니 어라하*께서 백성들의 마음을 다독여 주셔야 하지 않겠습니까?"

"그대의 말이 맞다."

* 어라하: 백제 때 임금을 이르던 말.

근초고왕은 궁궐로 돌아오자마자 명을 내렸어.

"굶주린 백성들에게 왕실의 곳간을 열어 곡식을 나눠 주도록 하라! 또 억울하게 감옥에 갇혔거나 노비가 된 사람들이 있는지 철저히 조사하여 바로잡도록 하라."

근초고왕의 매서운 명령에 신하들은 아무 말도 할 수 없었어.

새로운 왕이 백성을 생각하는 어진 왕이라는 소문이 널리 퍼져 나갔지. 백제의 백성들은 근초고왕이 자신들의 고된 삶을 바꿔 줄 것이라는 희망을 품게 되었어.

백제가 나아갈 길

근초고왕은 큰아들 수를 태자로 삼았어. 수는 일찌감치 왕위를 이어받을 준비를 했어. 누구도 감히 왕위를 넘보지 못하게 태자의 자리를 든든히 다져 주려는 근초고왕의 뜻이었지.

어느 날 근초고왕과 태자 수가 함께 들녘을 거닐고 있었어. 근초고왕이 태자 수에게 물었어.

"태자, 지금 백제에 무엇이 가장 필요하다고 생각하느냐?"

"영토와 백성을 안전하게 지킬 군사가 아닐까 하옵니다."

수가 대답하자 근초고왕이 말했어.

"맞다. 백제는 위로는 고구려, 옆으로는 신라와 가야, 그리고 아래로는 마한에 둘러싸여 끊임없이 크고 작은 전쟁이 계속되고 있지. 먼저는 이 나라들 속에서 강한 나라로 우뚝 서야 한다."

"예, 어라하. 명심하겠습니다."

"그러기 위해서 남쪽의 마한과 서쪽의 동진으로 가는 바닷길을 차지할 것이다."

"아!"

수는 그제야 아버지의 깊은 뜻을 깨달았어. 백제 남쪽에 위치한 마한은 넓고 기름진 평야가 펼쳐진 풍요로운 땅이었어. 크고 작은 부족 국가가 모여 이루어진 나라였지만 경제가 튼튼하고 교역이 발달해 다른 나라들이 쉽게 넘보지 못했지. 또한 백제는 서쪽으로 바닷길이 있었지만, 해적들이 득실대는 바람에 상인들이 마음대로 바다로 나갈 수 없었어. 그래서 보다 안전한 새 바닷길이 필요했지.

수는 아버지 근초고왕의 눈을 바라보며 말했어.

"기름진 마한 땅을 정복해서 백제를 더 풍요롭게 하고 서쪽으로는 중국과 교역을 하시려는 것입니까?"

근초고왕은 고개를 끄덕였어.

"그렇다. 태자는 지금부터 막고해 장군과 함께 마한을 칠 준비를 단단히 하도록 하라!"

수는 머리를 숙여 근초고왕의 명을 받들었어. 그리고 막고해 장군과 함께 군사들을 훈련시켰어. 마침내 마한을 정복할 모든 준비를 마친 백제 군사들의 기세는 하늘을 찌를 듯했지.

전쟁이 시작되자 백제의 병사들은 폭풍처럼 몰아쳤어. 그 기세에 마한의 부족들은 하나둘 쓰러졌지. 지레 겁을 먹고 항복하는 부족들도 있었어. 마지막까지 버티던 곳들도 마침내 무릎을 꿇었어.

드디어 근초고왕이 마한을 정복했어. 마한은 백제의 모든 백성들을 배불리 먹일 만큼 농작물이 풍족했어. 또, 동쪽으로는 가야, 남쪽으로는 왜, 그리고 서쪽으로는 중국의 동진과 통하는 발판이 되었지. 마한을 정복하자 근초고왕은 호시탐탐 백제를 노리는 고구려와 맞서 싸워 승리할 수 있다는 자신감이 생겼어.

다음은 해적으로 꽉 막힌 바닷길을 열 차례였어.

"백제가 바다로 나가려면 먼저 수군을 강하게 훈련시켜야 한다!"

근초고왕은 장군들에게 군사 훈련을 지시하는 동시에 크고 튼튼하면서도 빠른 배를 만들라고 명했어. 곧 훈련의 성과가 나타났어. 막강해진 백제의 수군들이 바닷길을 지키자 상인들이 마음 놓고 교역을 할 수 있게 되었지.

"중국으로 교역을 하러 가다가 해적을 만나 물건을 빼앗기기 일쑤였는데 이제는 그런 걱정을 하지 않아도 되겠어."

"중국뿐 아니라 왜와도 얼마든지 교역을 할 수 있지."

백제의 장사꾼들은 이제 해적을 무서워하지 않고 남쪽으로는 왜, 서쪽으로는 동진, 그리고 북쪽으로는 요서* 지역까지 마음껏 드나들며 장사를 했어. 백제의 아름다운 장신구들은 불티나게 팔려 나갔어. 다른 나라의 다양한 물건과 기술도 백제로 속속 들어왔지. 가야에서는 질 좋은 철이 들어왔어. 손재주가 좋은 백제 사람들은 재빠르게 기술을 익혔고, 여러 분야에서 기술자들이 늘어났어. 백제 사람들의 삶이 풍요로워지는 것은 물론이고, 경제와 문화도 눈

---

* 요서: 중국 만주 지방의 남부 평야를 흐르는 랴오허강의 서쪽.

부시게 발전하게 되었지.

백제의 깃발을 높이 올려라!

"고구려군이 쳐들어오고 있습니다!"

369년, 한성 궁궐에 급한 소식이 날아들었어. 근초고왕은 예상했던 것보다 빠른 고구려의 공격에 깜짝 놀랐지. 근초고왕은 급히 태자 수와 막고해 장군을 불렀어.

"고구려 왕이 2만여 명의 군사를 이끌고 치양*으로 쳐들어오고 있다!"

"왕이 직접요?"

수는 놀란 눈으로 근초고왕을 쳐다봤어.

"치양을 지키고 있는 백제 군사의 수가 얼마나 되느냐?"

"치양에는 3,000명의 백제군이 있사옵니다."

"턱없이 부족하구나! 하지만 고구려군도 급히 군사를 꾸린 게 틀

---

* 치양: 지금의 황해도 연백 지역의 옛 이름.

림없다. 분명히 약점이 있을 것이니, 태자 수와 막고해 장군은 그 약점을 찾아내서 반드시 승리하라!"

"예! 목숨을 걸고 백제 땅을 지키겠습니다!"

수와 막고해는 당장 군사를 이끌고 치양으로 달려갔어. 영토 대부분이 산지인 고구려는 농사지을 땅이 부족했어. 그래서 치양을 발판으로 한성의 한강 유역을 빼앗으려는 속셈이었지.

고구려군은 벌써 치양의 마을들을 약탈하고 있었어. 막고해 장군이 수에게 말했어.

"병사가 절대적으로 부족한 백제로서는 기습밖에 없습니다."

"허……!"

수는 깊게 한숨을 내쉬었어. 병사들의 숫자가 너무나 적어 고구려를 기습해도 성공을 장담할 수 없었거든.

'잘못하면 한꺼번에 사로잡히거나 죽는다.'

그때였어.

"태자 저하, 고구려 병사 하나가 항복해 왔습니다."

병사들이 고구려 병사 한 명을 태자 앞으로 끌고왔어. 고구려 병사는 무릎을 꿇고 흐느꼈어.

"저는 본래 백제 사람으로 왕실에서 말을 관리했었습니다."

"뭐라? 그런데 어찌 고구려의 군사가 됐단 말이냐?"

수는 눈을 부릅뜨고 다그쳤어.

"그만 실수로 왕실의 말을 다치게 하고 말았습니다. 처벌이 두려워 고구려로 도망쳤던 것입니다."

"그런데 왜 다시 백제로 돌아온 것이냐?"

"고구려를 이길 방법이 있어서 알려 드리려고 왔습니다. 고구려는 군대를 급히 꾸리느라 군사들 대부분이 오합지졸*입니다. 가운데 붉은 깃발을 든 군사들만 무찌르면 나머지 고구려군은 저절로 무너질 것입니다. 백제 사람으로서 차마 두고만 볼 수 없었습니다. 제 말을 믿어 주십시오!"

병사의 말을 들은 수는 고개를 끄덕였어.

동이 트면서 사방이 환하게 밝아 왔어. 수는 장군 둘에게 왼쪽과 오른쪽으로 나누어 고구려군을 공격하라고 명했어. 붉은 깃

---

* 오합지졸: 까마귀가 모인 것처럼 질서 없이 모인 병사나 사람들을 이르는 말.

발의 정예군*을 흩어 놓기 위한 작전이었어.

"고구려군이 양쪽으로 갈라질 때 막고해 장군은 군사 3,000명을 이끌고 가운데에 있는 붉은 깃발의 군사들을 치시오!"

* 정예군: 썩 날래고 용맹스러운 군대 또는 군사.

"예! 태자 저하!"

막고해 장군은 날렵한 군사들과 함께 달려 나갔어.

"와아아아!"

"공격하라!"

백제의 군사들은 적은 수였지만 용맹하게 싸웠어. 그러자 고구려군이 오른쪽과 왼쪽으로 갈라지기 시작했어. 예상대로 붉은 깃발의 정예군이 따로 떨어졌어. 막고해 장군은 기회를 놓치지 않고 소리쳤어.

"돌격하라! 붉은 깃발을 공격하라!"

양쪽으로 몰아가던 백제군이 갑자기 중앙의 정예군 쪽으로 방향을 틀었어. 그 틈을 놓치지 않고 막고해 장군과 백제군이 붉은 깃발의 고구려군을 휩쓸어 버렸어.

"정예 부대가 흩어진다!"

"후퇴하라, 후퇴하라!"

고구려군과 고구려의 고국원왕은 정신없이 도망치기 시작했어.

"만세! 백제가 이겼다!"

"백제가 고구려를 무찔렀다!"

백제 군사들은 깃발을 흔들며 함성을 내질렀어. 도망치는 고구려군을 쫓아 수곡성*까지 진격했어. 백제는 이 싸움에서 5,000여 명이나 되는 고구려군을 포로로 사로잡았어. 또한 북쪽으로 백제의 영토를 더욱 넓히게 되었지.

평양성 전투

　371년, 근초고왕은 신하들을 불러 근엄한 얼굴로 말했어.
　"고구려를 치양에서 물리친 뒤 우리 백제의 힘은 더욱 커졌다."
　"모두 어라하의 덕이옵니다."
　신하들은 한목소리로 대답하며 고개를 숙였어.
　"하지만 고구려는 치양 전투에서의 굴욕을 갚으려고 다시 우리 백제를 공격할 것이다. 그러니 우리는 고구려의 공격에 대비하고 있어야 한다."
　"예! 어라하."

* 수곡성: 지금의 황해도 신계 지역에 있던 성.

근초고왕의 예상대로 곧 고구려군이 쳐들어왔어. 백제군은 미리 숨겨 둔 군사들로 고구려군을 무찔렀지.

연달아 고구려군을 무찌른 근초고왕은 이번에는 먼저 고구려의 평양성으로 진격했어. 복수를 벼르던 고구려의 고국원왕도 직접 군사들을 이끌고 평양성으로 달려왔지.

"패배의 치욕을 반드시 갚아 주리라!"

고국원왕은 군사들을 다독이며 눈을 부릅떴어. 근초고왕도 붉은 깃발이 펄럭이는 평양성을 쏘아봤어. 성 앞으로는 깊은 강이 흐르고 있고, 성 뒤로는 높고 가파른 산이 둘러쳐 있었어.

'성의 남쪽과 동쪽에 군사들이 몰려 있구나. 북쪽에는 높은 산이 있어 군사들을 배치하지 않았군.'

근초고왕은 공격 명령을 내렸어.

"태자는 강을 건너 평양성 남쪽을 공격하고, 막고해 장군은 동쪽을 치라!"

"명을 받들겠습니다."

태자 수와 막고해는 각각 1만 명의 군사들을 이끌고 강을 건넜어. 백제군은 사흘 동안 평양성의 남쪽과 동쪽을 공격했어. 수와 막고해는 고구려군의 시선을 돌리기 위해 온 힘을 다했지. 예상대로 고구려군이 남쪽과 동쪽으로 몰려갔어. 근초고왕은 때를 놓치지 않고 남은 군사들을 이끌고 성의 북쪽을 공격하기 시작했어.

"물러서지 마라! 끝까지 맞서 싸워라!"

고국원왕의 다급한 목소리가 들려왔어.

"앞으로 나아가 성문을 열어라!"

근초고왕의 목소리도 쩌렁쩌렁 울렸어. 백제군과 고구려군은 팽팽하게 맞서 싸웠어. 점점 고구려군이 밀리기 시작하자 고국원왕은 칼을 뽑아 들고 병사들 앞으로 나왔어.

그때였어! 어디선가 화살 하나가 바람을 가르며 날아왔어.

"으억!"

화살은 고국원왕의 몸속 깊숙이 박혔어. 고국원왕은 그대로 말에서 떨어지고 말았어.

"고구려 왕이 죽었다!"

고국원왕이 죽었다는 소식은 금세 백제 진영에 퍼졌어.

"고구려 왕이 죽었다! 어서 성문을 열자! 진격하라!"

근초고왕은 군사들과 성문을 향해 달려갔어. 하지만 평양성의 성

 문을 뚫을 수가 없었어. 고구려군이 고국원왕의 시신을 눈앞에 두고 죽을힘을 다해 버텼기 때문이야.

 전투 상황을 지켜보던 근초고왕이 말했어.

 "아쉽지만 어쩔 수 없구나. 비록 평양성을 빼앗지는 못했지만 승리한 것이나 다름없다!"

 "와아, 백제가 이겼다!"

 "만세! 백제 만세!"

 근초고왕과 백제 군사들은 함께 승리를 기뻐했어. 이 전투로 평양성 아래 땅이 모두 백제의 영토가 되었지.

찬란한 백제의 꿈

근초고왕은 태자 수에게 왕위를 물려줄 준비를 했어.

왕의 아들이 다음 왕의 자리에 오른다는 '부자 세습'의 원칙도 귀족들 앞에서 못을 박았어. 강력해진 왕권 앞에서 귀족들은 감히 반대할 수 없었어.

또한 근초고왕은 각 분야의 전문가들에게 박사의 칭호를 주었어. 박사들과 함께 기술자들도 높이 대우해 주었지. 학문뿐만 아니라 기술이 발전해야 백성들이 잘살고 나라가 더 든든히 설 수 있다는 것을 알았기 때문이야.

근초고왕은 기술자들을 궁궐로 초대해 잔치를 베풀었어. 기와를 만드는 기술자, 금속 공예품을 만드는 기술자, 의술이나 천문을 연구하는 기술자 등 다양한 기술자들이 모였어.

유학자* 아직기가 철을 다루는 기술자를 데리고 왔어. 근초고왕은 반가운 마음으로 물었어.

"칠지도는 완성됐느냐?"

* 유학자: 공자의 가르침을 바탕으로 정치와 도덕을 다루는 학문인 유학을 깊이 연구하는 사람.

"여기 준비됐사옵니다."

철을 다루는 기술자가 잘 포장된 함을 건넸어. 근초고왕은 함 속에서 칼을 꺼냈어. 일곱 개의 칼날이 나뭇가지처럼 뻗어 있었지. 칼의 앞과 뒤에는 글자가 새겨져 있었어. 근초고왕은 글자를 소리 내어 읽었어.

"한낮에 무쇠를 100번 두드려 칠지도를 만들었다. 예로부터 이런 칼은 없었다. 백제 태자가 왜왕 지를 위해 만들었으니 후세에 전하여 보이라."

"아!"

신하들과 그곳에 모인 사람들 모두 감탄을 쏟아 냈어. 근초고왕은 칠지도를 태자 수에게 건네며 말했어.

"이 칠지도를 왜의 왕에게 보내고, 백제가 언제라도 군사를 요청하면 즉시 보내 줄 수 있는 관계를 만들도록 하여라."

"명을 받들겠습니다."

수는 아직기를 왜에 사신*으로 보냈어. 아직기는 칠지도와 함께 잘 훈련된 말 두 필을 가져갔어. 아직기는 왜에 말을 기르는 법과

---

* 사신: 임금이나 국가의 명령을 받아 외국에 가는 신하.

승마술까지 전해 주었지.

　왜의 왕은 칠지도를 귀하게 여기며 왕국을 지키는 수호신으로 삼았어.

　그 뒤로 유학자인 왕인 박사도 왜로 건너가 《논어》와 《천자문》을 전해 주고 왜의 태자를 가르치는 스승이 되었어. 이로써 백제의 학문과 기술, 문화가 왜에 널리 퍼지게 되었지.

　마한을 정복하고 고구려를 물리치고 난 후 백제의 논밭은 절로 늘어났고, 발전된 농사 기술과 농기구가 보급되어 백제 땅 여기저기에서 풍년가가 울려 퍼졌어.

　어느덧 근초고왕은 나이가 들어 자리에 눕는 날이 많았어. 하지만 근초고왕은 자신이 일군 풍요로운 백제의 모습을 보고는 마음을 놓았지.

　어느 날 근초고왕은 태자 수를 불렀어. 태자에게 마지막 당부를 할 때가 왔음을 알았지.

　"태자, 나는 계속되는 전쟁을 끝내고 백성들이 풍요롭게 살 수 있는 나라를 만들고 싶었다. 부디 왕위에 올라 더욱 강하고 번성한 백

제를 만들어다오."

"반드시 아버지의 뜻을 이루겠습니다."

375년, 근초고왕은 태자와 신하들이 지켜보는 가운데 세상을 떠났어.

근초고왕은 백제의 왕권을 굳건하게 하고 영토를 넓힌 것은 물론 경제와 문화를 발전시켜 찬란한 백제의 전성기를 활짝 연 위대한 왕이었어.

대륙을 호령하다

광개토 대왕

열여덟 살의 왕

"휴!"

고구려 궁궐에서 깊은 한숨이 새어 나왔어.

소수림왕은 고구려를 일으키기 위해 애쓰는 중이었어. 불교를 받아들여 백성들의 마음을 한데 모았고, 엄격한 법을 정해 나라의 질서를 바로 세웠지. 국립 교육 기관인 태학을 세워 교육에도 힘썼어.

하지만 한편에서는 왕실의 앞날을 놓고 수군거리는 소리가 들려왔어.

"왕자가 태어나지 않으니 불길하네*, 불길해!"

"태자가 없으면 왕족들이 서로 왕이 되려고 다툴 것 아닌가?"

소수림왕은 부처님께 고구려의 왕실을 위해 태자를 내려 달라고 빌고 또 빌었지. 그러던 중 마침내 반가운 소식이 들려왔어. 바로 동생 이련이 아들을 낳은 거야.

소수림왕은 단숨에 달려가 왕실의 첫 왕자를 받아 안았어.

"오! 어질고 담대한 기상이 어린 얼굴이로구나!"

* 불길하다: 운수 따위가 좋지 않거나 일이 예사롭지 않다.

이련은 소수림왕의 칭찬대로 왕자의 이름을 담덕으로 지었어. 소수림왕은 장차 담덕이 밖으로는 용맹하고 안으로는 어진 왕이 되어 고구려를 잘 다스릴 것이라 믿었어.

그로부터 10년 후, 소수림왕이 세상을 떠나고 담덕의 아버지 이련이 왕위에 올랐어. 바로 고국양왕이야.

담덕은 모두의 바람처럼 쑥쑥 컸어. 걸음마 떼기가 무섭게 말타기와 활쏘기를 배웠지. 공부도 열심히 했지만, 사냥하는 것을 더 즐겼어. 그래서 "담덕 왕자가 나타나면 호랑이도 벌벌 떤다."라는 말이 있을 정도였지.

아버지 고국양왕이 세상을 떠나자 열여덟 살의 담덕이 고구려 제19대 왕의 자리에 올랐어. 바로 광개토 대왕이야. 광개토 대왕은 왕이 되자마자 귀족들과 신하들을 모아 놓고 뜻밖의 발표를 했어.

"앞으로 우리 고구려의 연호*를 '영락'으로 하겠다! 영락은 백성들에게 길이 즐거움을 주겠다는 뜻이다."

'연호라니!'

신하들은 제 귀를 의심했어. 이전까지는 중국 황제가 내려 준 연

---

* 연호: 임금이 즉위한 해에 붙이던 이름.

호를 사용했기 때문이야. 큰 나라인 중국을 섬긴다는 뜻이었지. 광개토 대왕은 쩌렁쩌렁한 목소리로 말했어.

"중국이 내려 준 연호를 사용하는 것은 우리가 중국에 복종한다는 뜻이다. 이제 고구려는 중국을 섬기는 나라가 아닌, 대륙을 향해 뻗어 나가는 나라가 될 것이다!"

신하들은 감히 왕의 뜻을 꺾을 수 없었어.

"영락 대왕 만세!"

"만세!"

궁궐이 떠나갈 듯 만세 소리가 울려 퍼졌어.

한편 왕위에 오른 광개토 대왕의 머릿속에는 또 한 가지 생각이 자리잡고 있었어.

'하루빨리 백제를 쳐서 할아버지인 고국원왕의 원수를 갚고 빼앗긴 땅을 되찾고 싶다. 그렇지만 백제가 왜와 가야를 끌어들여 맞설 테니 지금 군사를 움직일 수는 없어.'

광개토 대왕은 한 번의 승리를 위해서는 할 수 있는 모든 준비를 해야 한다고 마음을 다잡았어.

"지금 당장 귀족들이 거느린 군사를 모두 해체한다!"

"귀족들의 사병을 해체하다니요? 전쟁이 날 때마다 저희의 사병들이 나라를 위해 싸워 왔는데 어찌 그런 말씀을 하십니까?"

귀족 회의 대표가 펄쩍 뛰며 반대했어.

"사병을 해체하고 왕이 직접 지휘하는 '왕당'을 만들 것이오!"

"……."

귀족들은 속이 부글부글 끓어올랐어. 귀족들의 힘을 약하게 하려는 광개토 대왕의 속셈을 알아차렸지만 그렇다고 대놓고 반대할 수도 없었어.

'다음은 백성들의 마음을 한곳으로 모으는 것이다!'

광개토 대왕은 무거운 세금을 가볍게 줄이고, 나라의 창고를 열어 배고픈 백성들에게 곡식을 내어 주었어. 새로운 농사법을 가르치는 것은 물론, 철로 만든 농기구를 나눠 주고, 곳곳에 저수지를 만들어 가뭄에 대비했어. 무엇보다도 전쟁이나 나라에서 하는 공사에 백성들을 강제로 동원하지 않도록 하여 백성들이 안심하고 농사를 짓고 먹고사는 일에 힘쓸 수 있도록 해 주었어.

'왕권을 강화하고 백성들의 삶을 안정시킨다. 그다음은 영토를 확장하는 것이다.'

광개토 대왕은 그 뜻을 이루기 위해 고구려의 군대를 더 강력하게 만들고 싶었어.

"백성들에게 사냥 대회를 연다고 알려라. 우승하는 사람에게는 상과 함께 관직을 내릴 것이다."

이 소식에 온 나라가 떠들썩해졌어.

"왕께서 직접 사냥 대회를 여신대!"

"거기서 우승하면 관직까지 준다던데."

드디어 사냥 대회 날이 됐어. 사냥 대회장으로 고구려의 젊은이들이 구름 떼처럼 모여들었지.

"사냥을 시작하라!"

북소리가 대회 시작을 알리자 창칼과 활을 든 젊은이들이 산으로

우르르 몰려갔어. 광개토 대왕도 젊은이들 틈에 끼어 사냥을 시작했어. 산 이쪽저쪽에서 짐승들을 모는 소리가 요란하게 울렸지. 얼마 뒤 젊은이들은 저마다 잡은 짐승들을 가지고 하나둘씩 나왔어. 작게는 산토끼부터 사슴과 멧돼지, 호랑이를 잡은 사람도 있었어. 광개토 대왕도 노루 한 마리를 들쳐 메고 숲에서 나왔어.

  광개토 대왕은 사냥에 성공한 젊은이들을 칭찬했어. 약속대로 우승자에게 관직을 내리자 젊은이들은 만세를 불렀어. 사냥 대회 이후로 고구려의 젊은이들은 산과 들을 다니며 사냥 기술을 갈고닦았지.

　신하가 광개토 대왕을 찾아와서 아뢰었어.

　"고구려 젊은이들 모두가 용맹한 군사가 되어 가고 있습니다. 사냥을 통해 백성들에게 군사 훈련을 시키시다니! 폐하의 지혜에 그저 감탄할 따름입니다."

　광개토 대왕의 마음 역시 흐뭇했어. 광개토 대왕은 왕위에 오를 때 생각했던 '한 번의 승리를 위해서 할 수 있는 모든 준비를 한다!'는 다짐을 다시 속으로 되새겼어.

　광개토 대왕은 사냥 대회를 시작으로 말을 타면서 활을 쏘는 대회와 씨름 대회 등 무예 대회를 열어 젊은이들이 몸과 마음을 단련할 수 있게 했어.

관미성* 정복

　광개토 대왕은 군사를 일으킬 때가 됐다고 생각했어. 왕이 직접 지휘하는 군대와 사냥으로 잘 단련된 용맹한 군사들이 있었기에 고구려의 힘은 강력해졌어. 왕권과 군사력이 강화되자 나라는 안정되고 백성들도 법을 잘 지키며 광개토 대왕을 신뢰했지.

　고구려의 법과 규정은 엄하기로 유명했어. 반역**을 꾀하거나 반란을 일으킨 사람은 불에 태워 죽인 뒤 다시 목을 베었어. 그것도 모자라 가족들을 죄다 노비로 삼아 버렸지. 전쟁 중에 적에게 항복한 사람도 사형에 처했어. 도둑질을 한 사람은 물건값의 열두 배를 물어 줘야 한다는 법도 있었어. 백성들이 국가가 정한 법을 잘 지킨다는 것은 그만큼 국가의 힘이 강하다는 증거였지.

　어느 날, 고구려의 북쪽에서 급한 소식이 날아들었어.

　"거란군이 쳐들어와서 재물을 빼앗고, 고구려 백성들을 포로로 잡아갔다 하옵니다."

* 관미성: 지금의 강화군 교동도, 강화군 봉천산, 예성강 하구 등으로 추정되는 지역.
** 반역: 통치자에게서 나라를 다스리는 권한을 빼앗으려고 함.

"이런!"

광개토 대왕은 분한 나머지 자리에서 벌떡 일어섰어. 거란군은 틈만 나면 고구려의 북쪽을 공격해 백성들을 괴롭혔어. 재산을 빼앗는 것은 물론 사람들을 포로로 잡아갔지. 광개토 대왕은 더는 두고 볼 수 없었어.

"용맹한 고구려 군사들이여, 때가 왔다! 오랑캐*를 물리치고 북으로 나아가자!"

훈련된 고구려 군사들의 기세는 하늘을 찌를 듯했어. 둥둥 울리는 북소리와 함께 군사들이 깃발을 높이 쳐들었어. 맨 앞의 말을 탄 병사들은 보기만 해도 무시무시했어. 병사와 말이 온통 철갑을 두르고 있었고, 긴 창을 든 데다 뾰족한 못이 잔뜩 박힌 신발까지 신고 있었지. 신발 바닥에 뾰족하게 튀어나온 못을 말등자**에 걸면 움직이는 말 위에서도 떨어지지 않고 전투를 할 수 있었어. 누구도 당하지 못할 천하무적이었지.

거란군은 고구려군을 보자마자 도망치기 시작했어. 광개토 대왕은

---

* 오랑캐: 언어와 풍습이 다른 민족을 낮잡아 이르는 말.
** 말등자: 말을 타고 앉을 때 두 발로 디디게 만든 물건.

군사를 거의 잃지 않고
큰 승리를 거두었지. 그동안 붙잡
혀 간 고구려의 백성들은 물론 거란인 포로들까지
끌고 돌아왔어. 금만큼이나 비싼 소금은 물론 양과 소, 말도 잔뜩
챙겨 왔어. 백성들은 그 모습에 환호했지.

광개토 대왕은 또 다른 중대한 결정을 내렸어. 드디어 백제를 공격하기로 한 거야.

"이제 때가 되었다. 백제의 관미성을 칠 것이다!"

광개토 대왕의 결정은 비참하게 죽은 고국원왕의 원수를 갚는 것이기도 했지만, 한강 유역의 비옥한 땅을 차지해 백성들이 배불리 먹고살 수 있게 하려는 뜻이기도 했어.

관미성은 백제의 수도인 한성을 지키는 중요한 지역이었어. 또한 한강으로 드나드는 모든 배를 한눈에 살필 수 있는 곳이기도 했지.

광개토 대왕은 거칠 것이 없었어.

"백제를 쳐서 중국으로 뻗어 가는 발판으로 삼겠다!"

　광개토 대왕은 4만 명의 군사를 이끌고 관미성으로 진격했어. 그런데 관미성 앞에 다다라서는 뜻밖의 상황에 당황하고 말았지. 관미성은 사방이 바다로 둘러싸여 있어서 밀물이면 높은 절벽을 마주했고, 썰물이면 푹푹 발이 빠지는 갯벌이 앞을 가로막았던 거야.

　하지만 광개토 대왕은 곧 기막힌 전술을 생각해 냈어.

　"장수들은 군사를 나누어 일곱 방향으로 공격하라!"

"네!"

"사방에서 압박하면 반드시 빈틈을 보일 것이다."

장수들은 광개토 대왕의 명령에 따라 일곱 방향으로 쳐들어갔어.

"으아, 고구려군이다!"

백제군은 갑자기 여러 방향에서 공격해 오는 고구려군 때문에 우왕좌왕했어. 어느 순간 동쪽 성문을 지키던 군사들이 흩어졌지.

"지금이다, 동쪽을 쳐라!"

고구려군은 천둥 같은 함성을 지르며 화살을 관미성에 쏟아부었어. 그러고는 동쪽 성벽으로 기어오르기 시작했지. 백제군은 고구려군의 공격에 정신을 차릴 수 없었어. 드디어 동쪽 성문이 열리고, 관미성 안으로 고구려군이 쏟아져 들어갔어. 백제군은 항복하거나 도망치기 바빴지.

"백제군이 도망친다!"

"와아아!"

고구려 병사들의 함성이 관미성을 뒤흔들었어. 고구려군은 공격의 끈을 놓지 않고 내달려 한강 북쪽 10여 개의 성을 빼앗았어. 근초고왕에게 빼앗겼던 평양성 아래의 성들도 모조리 되찾았지.

광개토 대왕은 관미성 높은 곳에 서서 바다를 바라봤어. 서쪽 바다를 통해 들어오고 나가는 배들이 한눈에 들어왔어. 백제의 해상권* 절반을 차지한 것이나 다름없는 큰 승리였어.

'이제 백제의 수도 한성을 쳐서 내 손으로 고국원왕의 원수를 갚는 일만 남았다.'

백제와의 대결

광개토 대왕은 장수들을 불러 모아 백제의 수도인 한성을 공격하자고 했어. 하지만 전쟁에 반대하는 장수들도 있었어.

"백제는 큰 전쟁을 치를 때마다 가야와 왜에 군사를 요청합니다. 이번에도 틀림없이 그럴 것입니다."

"맞습니다. 백제의 수도를 공격하는 일에는 철저한 준비가 필요합니다."

광개토 대왕은 고개를 끄덕였어.

* 해상권: 바다 위에서 가지는 권력.

'장군들의 말이 맞다. 좀 더 철저한 준비가 필요해.'

얼마 뒤, 고구려와 백제 사이의 국경*에 고구려 병사들이 나타났어. 어수선한 고구려군의 움직임을 눈치챈 백제의 아신왕 역시 발 빠르게 움직였어. 급히 가야와 왜에 도움을 청하고, 군사들을 국경 쪽으로 보냈지.

"서쪽 바다에 수상한 배들이 새까맣게 몰려오고 있습니다!"

고구려와의 국경 지대에만 온 신경을 쏟던 백제의 아신왕에게 뜻밖의 소식이 들려왔어. 수상한 배들의 정체는 고구려의 수군이 확실했어. 광개토 대왕이 백성들을 병사들인 것처럼 꾸며 국경 쪽에서 소란을 떨게 했던 거야. 놀란 백제가 국경으로 군사들을 보내게 만들고, 그 틈을 타서 진짜 군사들로 백제의 수도를 공격하게 한 거지.

고구려군은 백제 도성을 향해 폭풍처럼 몰려갔어. 궁수 부대는 화살을 쏟아부었고 날쌘 병사들은 사다리를 타고 성벽을 기어올랐어. 백제군은 사방에서 쳐들어오는 고구려군을 막느라 정신을 차릴 수가 없었어.

백제 아신왕은 더는 버틸 수 없다는 것을 깨달았어.

* 국경: 나라와 나라의 영역을 가르는 경계.

"어쩔 수 없다. 고구려에 항복하라!"

백제의 장수들과 군사들은 털썩 주저앉으며 통곡했어. 아신왕은 성문을 열고 나와 광개토 대왕 앞에 무릎을 꿇었어.

"대왕께 백제를 바치오니 부디 공격을 멈추어 주십시오."

"백제는 이제부터 고구려에 신하로서 예를 갖추고, 다시는 고구려를 침범하는 일이 없도록 하라!"

광개토 대왕이 불호령*을 내렸어.

"명심하고 또 명심하겠나이다."

백제 아신왕은 고개를 조아렸어.** 산처럼 우뚝 선 광개토 대왕 앞에서 감히 눈조차 뜨지 못했지.

"한강 북쪽의 땅을 고구려 영토로 삼는다. 대신, 한강 남쪽의 땅은 백제에 돌려주겠노라."

"대왕의 뜻을 따르겠나이다."

아신왕은 다시 한번 머리를 조아렸어. 이번 전쟁에서 광개토 대왕은 영토를 점령한 것은 물론 아신왕의 동생과 백제의 관리들을

---

* 불호령: 몹시 심하게 하는 꾸지람.

** 조아리다: 상대편에게 존경의 뜻을 보이거나 애원하느라고 이마가 바닥에 닿을 정도로 머리를 자꾸 숙이다.

포로로 잡아 고구려로 돌아갔어.

"위대한 고구려 군사들이여, 승리를 마음껏 기뻐하라!"

"와아아, 고구려의 승리다!"

전쟁에 나갔던 젊은이들이 돌아오자 온 나라에 흥겨운 잔치가 벌어졌어.

'잠시 승리를 기뻐하겠지만 이게 끝이 아니다. 이제는 눈을 돌려 대륙으로 나아갈 때다.'

모두 오늘의 승리를 기뻐할 때 광개토 대왕의 가슴은 또 다른 꿈으로 두근거리고 있었어.

요동*을 정벌하라!

402년, 광개토 대왕은 군사를 일으켜 요동을 공격했어. 요동 땅에는 후연이라는 나라가 자리 잡고 있었어.

* 요동: 중국 만주 지방의 남부 평야를 흐르는 랴오허강의 동쪽 지역.

요동으로 가는 길. 철갑 기병*들을 앞세운 고구려군이 지나갈 때마다 땅은 뒤흔들렸고 하늘은 내려앉을 듯했어.

고구려군과 후연군은 곧 맞닥뜨렸어. 고구려군은 불화살로 맞선 후연의 군사들을 단박에 무너뜨리고 성을 손에 넣었어. 그 후 요동성 주변까지 모두 장악했지.

이 소식을 들은 후연의 왕은 길길이 날뛰며 군사를 이끌고 요동성으로 달려왔어.

그 사이 요동성을 지키던 고구려군은 성 주변의 곡식을 모두 성 안으로 옮기고 추수를 앞둔 들녘에 불을 질러 성 밖에 남은 곡식을 모조리 태워 버렸어.

"성 밖의 곡식을 모조리 성으로 들이도록 하라!"

후연의 왕은 요동성 앞에 도착하자마자 깜짝 놀랐어. 병사들의 식량을 요동에서 구하려 했던 계획이 송두리째 틀어졌기 때문이야. 화가 난 왕이 후연의 군사들에게 소리쳤어.

"요동성을 반드시 되찾아야 한다!"

후연의 군사들은 개미 떼처럼 요동성을 기어오르기 시작했어. 불

* 기병: 말을 타고 싸우는 병사.

화살과 돌이 성벽으로 날아들었지.
후연 군사들이 사다리를 타고 끝없이
올라왔어. 밀어내고 밀어내도 또다시

올라왔지. 요동성은 바람 앞의 등불처럼 위태로웠어.

그때 평양성에서 보낸 광개토 대왕의 편지가 고구려 장수들에게 전해졌어. 광개토 대왕이 직접 군사를 이끌고 요동성으로 오고 있다는 내용이었어.

장수들은 목이 터져라 군사들에게 외쳤어.

"대왕께서 이곳으로 오고 계신다. 요동성을 끝까지 지켜 내라!"

"와아!"

고구려군의 사기*가 다시 불타오르기 시작했어. 성을 기어오르던 후연 군사들은 우수수 바닥으로 떨어졌어. 왕이 아무리 다그쳐도 떨어진 후연군의 사기를 끌어올릴 수 없었어.

"이제 곧 식량이 바닥날 것이옵니다. 고구려의 왕까지 도착하면 큰일입니다."

"으으, 분하다!"

후연의 왕은 요동성을 빼앗지 못하고 물러날 수밖에 없었어. 물러나는 후연 군사들을 보고 고구려군은 기쁨의 환호성을 질렀어. 광개토 대왕이 온다는 편지 한 장이 고구려군의 승리를 이끌어 낸

* 사기: 의욕이나 자신감으로 가득 차 굽힐 줄 모르는 기세.

거야.

　광개토 대왕은 요동의 너른 벌판을 바라봤어. 벌판은 몇 날 며칠 말을 타고 달려도 끝나지 않을 것처럼 넓었어. 그토록 꿈꿨던 땅이 마침내 고구려의 영토가 된 거야.

위대한 고구려의 꿈

　광개토 대왕은 어느새 의젓해진 왕자 거련을 태자로 삼았어.
"태자, 내가 '영락'을 연호로 정한 뜻을 알고 있느냐?"
"네, 백성들이 즐겁게 살아가는 나라를 만드시겠다는 것 아니옵니까?"
"맞다. 이제는 태자가 그 뜻대로 고구려를 이끌어 가야 한다."
"명심하겠습니다."
　그런데 뜻밖의 소식이 들려왔어.
"폐하, 동부여의 움직임이 수상합니다. 그동안 고구려에 바쳤던 조공*을 바치지 않고 젊은이들을 모아 군사 훈련을 시키고 있다 합

---
* 조공: 작은 나라가 큰 나라를 섬기며 바치는 예물.

니다."

"군사 훈련을 한다고?"

광개토 대왕은 군사를 일으켜 태자와 함께 동부여로 진격했어.

동부여는 순식간에 아수라장이 되었어. 피난길에 오르는 백성들이 길거리에 넘쳐 났고, 겁먹고 도망치는 군사들이 늘어난다는 보고도 속속 들어왔지.

태자 거련이 광개토 대왕에게 조심스럽게 의견을 내놓았어.

"폐하, 사신을 보내 항복을 받아 내는 것이 어떻겠습니까?"

"항복을 받는다? 왜 그렇게 생각하느냐?"

"고구려가 군사와 백성들의 목숨을 귀히 여긴다는 것을 알면 동부여의 백성들도 고구려를 따를 것이옵니다."

"태자의 생각이 기특하구나."

광개토 대왕은 동부여 왕에게 사신을 보냈어.

"동부여가 지금 항복한다면 고구려와 함께 번영할 것이고, 끝까지 싸우겠다면 결국 자취도 없이 사라질 것이다."

동부여 왕은 광개토 대왕의 말에 성문을 열고 항복했어.

"대 고구려 만세!"

"대왕 만세! 태자 만세!"

고구려 군사들은 창칼을 높이 쳐들며 함성을 질렀어.

동부여가 고구려에 항복했다는 소문은 빠르게 퍼져 나갔고, 주변의 여러 부족들도 앞다투어 항복했어. 고구려는 요하*의 동쪽인 요동반도를 포함한 만주 땅 대부분을 손에 넣었어. 광개토 대왕의 원대한 꿈이 드넓은 벌판을 내달려 대륙으로 뻗어 나가고 있었지.

그런데 광개토 대왕이 갑자기 몸져눕게 되었어.

"더 크고 강한 고구려를 이루고자 했는데, 이 뜻은 태자에게 부탁해야겠구나……."

태자와 신하들은 엎드려 흐느꼈어.

광개토 대왕은 가만히 눈을 감았어. 광개토 대왕의 눈앞에는 황금빛으로 출렁이는 고구려의 들녘과 노래하고 춤추는 백성들의 모습이 보이는 듯했어.

광개토 대왕은 서른아홉 살이라는 젊은 나이에 세상을 떠났어. 훗날 장수왕이 된 태자 거련은 국내성 동쪽에 광개토 대왕릉비를 세워 아버지 광개토 대왕의 업적을 자세히 새겨 넣었지.

* 요하: 중국 랴오허강. 중국 만주 지방의 남부 평야를 흐르는 강.

왕의 은혜가 하늘까지 미쳤고, 위엄은 온 세상에 떨쳤다.
나쁜 무리를 쓸어 없애니,
백성이 모두 생업에 힘쓰고 편안하게 살게 되었다.
나라는 부강하고 풍족해졌으며,
온갖 곡식이 가득 익었다.
그런데 하늘이 이 백성을 불쌍히 여기지
않았나 보다.
서른아홉의 나이에
세상을 버리고 떠나시었다…….

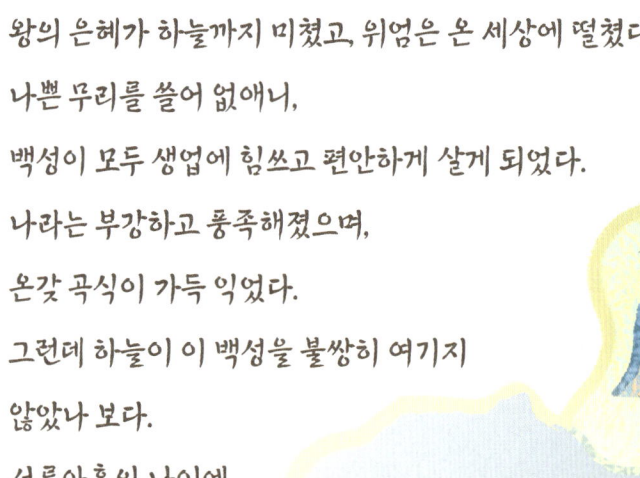

　최고의 정복 군주로 고구려의 황금기를 연 광개토 대왕의 뜻은 그의 아들 장수왕에게로 이어졌어. 고구려는 광개토 대왕과 장수왕을 거치며 가장 강력하고 번영한 시대를 맞이할 수 있었단다.

한강을 차지하고
신라의 전성기를 이끌다

진흥왕

진정한 왕이 되는 길

540년, 신라의 법흥왕이 아들 없이 세상을 떠나자, 조카인 진흥왕이 제24대 왕이 되었어. 이때 진흥왕의 나이는 겨우 일곱 살이었지. 그래서 진흥왕의 어머니 지소 부인은 왕을 대신해 나라를 다스리겠다고 선언했어. 왕이 어린 나이로 즉위했을 때 왕실의 어른이나 다른 사람이 왕을 대신해서 나랏일을 돌보는 일을 섭정이라고 해. 바로 지소 부인이 섭정에 나선 것이지.

지소 부인은 곧바로 뜻밖의 명령을 내렸어.

"흉악한 범죄를 저지른 자들을 제외하고 가벼운 죄를 지은 자들을 모두 석방하라."

"명을 받들겠습니다."

그 모습을 보고 있던 어린 진흥왕은 어머니가 왜 그런 명령을 내렸는지 궁금했어. 신하들이 물러나자 진흥왕은 어머니에게 물었어.

"어머니, 갑자기 죄인들을 왜 풀어 주라고 하신 것입니까?"

"새 왕이 왕위에 오르셨으니 백성들도 함께 기뻐해야지요. 왕께서 감옥에 갇힌 자들을 풀어 주신다면 그들은 물론 가족들과 모든 백성들이 왕께 감사하며 기뻐할 것입니다. 중한 죄를 지은 자들을 풀어 준다면 법과 이치에 맞지 않지요. 하지만 작은 죄를 지은 자들을 풀어 주면 백성들은 비록 왕께서 나이가 어리지만 너그럽고 인자한 분이라고 여길 것입니다."

"아!"

진흥왕은 어머니의 지혜로움에 감탄했어. 또한 자신의 왕위를 든든히 세워 주려는 어머니의 깊은 사랑을 느꼈지.

지소 부인은 충직한 신하인 이사부 장군에게 군사에 관련된 일을 하는 병부의 으뜸 벼슬을 주어 강력한 군사력

을 갖추도록 명했어. 또한 학자이자 장군인 거칠부에게 신라의 역사를 정리한 《국사》를 펴내는 일을 맡겼지.

 진흥왕은 강인하고 지혜로운 어머니로부터 왕의 위엄과 마음가짐을 배워 나갔어.

 진흥왕이 왕위에 오른 지 5년이 되던 해에 흥륜사가 완공되었어. 흥륜사는 진흥왕의 큰아버지인 법흥왕 때 세우기 시작한 신라 최초의 절이었어. 진흥왕과 지소 부인은 흥륜사를 찾아갔어. 수많은 백성들이 완성된 흥륜사와 왕을 보기 위해 모여들었지.

 "부처님 오셨는지요?"

 승려들이 두 손을 모으며 진흥왕을 맞이했어.

 '부처? 내가 부처라고?'

 승려들의 말에 진흥왕은 깜짝 놀랐지. 주변의 백성들 역시 마찬

가지였어. 백성들은 놀란 얼굴로 수군거렸어.

"지금 어린 왕을 부처님이라고 하는 건가?"

"왕즉불! 그것도 모르나?"

"그게 무슨 말이야?"

"왕이 곧 부처라는 말일세!"

백성들이 하나둘 진흥왕 앞에 넙죽 엎드렸어. 곁에 있던 신하들도 모르는 척 넘어갈 수가 없었어. 곧 그곳에 있는 모든 사람들이 진흥왕에게 엎드려 부처님께 하듯 절을 올렸지.

'아, 지금처럼 왕을 부처님으로 여기면 백성들은 왕과 나라에 충성하게 된다. 그러면 백성들의 마음이 하나로 모이고 나라의 힘은 더 강해질 거야.'

진흥왕은 불교의 힘이 곧 왕의 힘이란 걸 몸소 깨달았어. 이후 진흥왕은 법흥왕 때보다 더 적극적으로 불교를 받아들이고 널리 퍼트렸어. 그것이 곧 왕권을 강화하는 일임을 알았기 때문이야.

"고구려가 한강 유역의 백제 성을 점령했다고 하옵니다."

"그곳은 엊그제 백제가 점령했다고 하지 않았는가?"

550년, 하루가 멀다고 전쟁 소식들이 날아들었어.

한강과 가까운 국경 지역을 놓고 고구려와 백제가 몇 년째 뺏고 빼앗기는 전쟁을 벌이고 있었어. 신라는 백제와 나제 동맹을 맺고 있었기 때문에 이런 소식을 들을 때마다 너무 골치가 아팠어. 나제 동맹은 힘이 센 고구려가 한반도 남쪽으로 내려 오는 것에 맞서 신라와 백제가 서로 힘을 합치자고 맺은 약속이었지. 동맹은 진흥왕 이전부터 100년 넘게 이어져 오고 있었어. 그래서 백제와 고구려가 한강 유역을 놓고 전쟁을 벌일 때마다 신라는 군사를 보내 백제를 도와야 했어.

진흥왕이 신하들 앞으로 나섰어. 어느덧 열일곱 살이 된 진흥왕은 이제 더 이상 어린 왕이 아니었어.

"우리 신라도 한강으로 나아가야 합니다!"

진흥왕의 말에 지소 부인은 깜짝 놀랐어.

"고구려, 백제와 전쟁을 하시겠다는 것입니까?"

진흥왕은 오랫동안 가슴속에 품어 왔던 뜻을 펼칠 기회라고 생각했어.

　"네, 맞습니다. 지금은 고구려와 백제가 지쳐 있을 때라 우리 신라가 큰 힘을 들이지 않고도 그곳을 차지할 수 있을 것입니다."

　"100년 넘게 지켜 온 백제와의 약속을 깨자는 말씀입니까?"

　"그렇습니다."

　진흥왕이 단호하게 말했어.

　"폐하의 말씀이 옳습니다."

　이사부도 진흥왕을 거들었어.

　지소 부인은 고심 끝에 이사부에게 공격 명령을 내렸어. 진흥왕의 말처럼 이사부는 고구려와 백제가 서로 차지하겠다고 싸우던 한강 유역의 성을 손쉽게 차지했어.

　"폐하께서 큰 결단을 내리신 덕입니다."

　지소 부인은 신하들 앞에서 크게 기뻐했어.

"이제 섭정을 끝내겠소. 대신들은 온 마음을 다해 폐하를 보필해* 주시오."

"충성을 다하겠나이다."

551년, 지소 부인의 섭정이 끝나고 열여덟 살의 진흥왕이 직접 나라를 돌보기 시작했어.

신라의 새로운 시작은 한강에서부터

진흥왕은 연호를 '개국'으로 정했어. 나라를 열어 온 세상을 품겠다는 의지를 담은 이름이었어. 자신들의 이익만 생각하던 귀족들도 차츰 힘을 합쳐 나랏일을 결정해 나갔어.

진흥왕은 신라 땅 곳곳을 둘러봤어. 백성의 삶을 살피는 것은 물

* 보필하다: 윗사람의 일을 돕다.

론 전쟁을 대비해 국토를 돌아본 것이었지.

진흥왕이 궁궐로 막 돌아왔을 때였어.

고구려의 분위기가 심상치 않다는 소식이 들려왔어. 당시 고구려는 왕권을 놓고 귀족들이 다투느라 혼란스러운 상황이었어. 그런데 엎친 데 덮친 격으로 북쪽의 돌궐이 쳐들어온 거야. 고구려의 앞날은 한 치 앞을 알 수 없을 정도로 위태로웠지.

이때 백제가 발 빠르게 움직였어. 백제 왕은 진흥왕에게 함께 고구려를 공격하자는 편지를 보냈어.

진흥왕은 급히 이사부와 거칠부 장군을 불렀어.

"그대들의 생각은 어떠한가?"

"지금 고구려의 상황을 보면 쉬운 싸움이 될 것 같습니다."

이사부가 먼저 대답했어. 거칠부도 이사부의 말에 맞장구를 쳤지.

"만일 이번 기회를 놓치면 한강 유역은 모두 백제의 몫이 되어 버릴 것입니다."

"맞습니다. 지금은 나라의 이익을 따져 움직여야 할 때입니다."

진흥왕은 충직한 두 신하의 의견을 따르기로 했어.

"지난번 한강 근처의 성을 미리 점령한 것이 바로 지금을 위한 것이었구나."

진흥왕은 거칠부 장군에게 명령했어.

"백제와 함께 고구려를 공격한다!"

"반드시 승리하겠습니다."

거칠부 장군이 군사를 이끌고 고구려로 쳐들어갔어. 예상대로 고구려군은 우왕좌왕 도망치기 시작했어. 신라군은 순식간에 고구려가 다스리던 한강 상류 지역을 점령해 버렸어. 서쪽 해안으로 치고 올라왔던 백제군도 마찬가지였어. 백제군이 고구려군을 물리치고 예전에 고구려에 빼앗겼던 한강 아래쪽 영토를 다시 점령했다는 소식이 들려왔어.

진흥왕은 신라의 찬란한 앞날이 눈앞에 보이는 듯했어.

"신라의 새로운 시작은 한강에서부터다!"

덩달아 그해 신라의 들녘은 유난히 풍요로웠어. 백성들의 얼굴에도 보름달 같은 밝은 웃음이 환하게 번져 갔지.

영원한 동맹은 없다!

"새로 궁궐을 짓는 곳에 황룡이 나타났다!"

궁을 짓던 일꾼들이 놀라 소리쳤어. 소문은 빠르게 신라 곳곳으로 퍼졌지. 백성들은 나라의 길한* 징조라며 기뻐했어.

"황룡이 나타난 곳에 궁궐 대신 절을 짓고 황룡사라고 하라."

진흥왕은 길한 징조를 왕실만의 것으로 하지 않고 백성들과 함께 나누겠다는 뜻으로 그곳에 절을 짓기로 했어.

어느 날 백제의 사신이 도착했어. 백제는 또다시 함께 고구려를 치자고 제안했어. 그러나 진흥왕의 생각은 이미 정해져 있었지.

'우리 신라가 한강 유역을 전부 차지하기 위해서는 언젠가 백제와 싸워야 한다. 그러니 이제 백제와 동맹을 이어갈 수는 없다.'

공교롭게도** 며칠 뒤 고구려의 사신이 찾아왔어.

"곧 백제가 고구려를 공격할 것입니다. 그에 대비해 신라와 군사 동맹을 맺고자 합니다."

* 길하다: 운이 좋거나 복되다.
** 공교롭다: 생각지 않았거나 뜻하지 않게 우연히 마주치게 된 일이 기이하다고 할 만하다.

"백제와 고구려 간의 전쟁에 신라가 나서서 고구려를 돕는 것이 신라에 어떤 이익이 있다는 말이오?"

진흥왕이 고구려 사신에게 물었어.

"고구려의 왕께서는 신라가 고구려를 돕는다면 신라에 한강 아래 지역과 가야를 지배할 권리를 주시겠다고 하셨습니다."

신라로서는 반가운 소식이었어. 진흥왕은 결국 백제가 아닌 고구려와 손을 잡았어.

백제는 이 사실을 까마득히 모르고 군사를 일으켰어. 그리고 기세등등하게 고구려로 몰려갔지. 고구려가 쇠약해졌다는 것을 알았기에 승리를 장담했던 거야.

진흥왕은 곧바로 명령을 내렸어.

"백제 동북쪽을 기습 공격하라!"

"반드시 승리하겠나이다."

김무력 장군이 이끄는 신라군은 백제를 향해 달려갔어. 백제 동북쪽 땅을 미리 조사해 두었기에 거칠 것이 없었지.

느닷없이 들이닥친 신라군을 보고 백제군은 혼이 빠진 것처럼 허둥댔어. 정예 부대는 모두 고구려로 갔기 때문이었지. 김무력 장군은 단숨에 백제 동북쪽의 성들을 공격해 무너뜨렸어.

백제 왕은 불같이 화를 냈어.

"뭣이라? 신라가 우리 뒤통수를 쳤다고?"

"자칫하다가 나라가 두 동강이 나 버릴 수 있습니다. 서둘러 퇴각* 명령을 내려 주십시오."

"승리가 코앞인데 퇴각이라니!"

하지만 신라의 배신을 안 이상 무작정 고구려를 공격할 수도 없었어. 신라는 이제 더 이상 약한 나라가 아니었거든. 백제는 눈물을 머금고 후퇴할 수 밖에 없었어.

"백제군이 도망친다. 추격하라!"

고구려군이 성문을 열고 백제군을 뒤쫓았어. 순식간에 백제는 남쪽에서

* 퇴각: 뒤로 물러감.

올라오는 신라군과 북쪽에서 내려오는 고구려군에 둘러싸이고 말았어.

"한성도 위험합니다. 훗날을 기약하고 어서 피신하십시오."

"두고 보자! 내 반드시 이 원수를 갚겠다!"

백제 왕은 여러 성을 잃고 사비성으로 들어가야 했어. 백제군이 사비성으로 도망치는 것을 본 신라군은 목청껏 만세를 불렀어.

"신라 만세!"

"김무력 장군 만세!"

진흥왕 역시 승리를 기뻐했어. 이제야말로 어느 나라의 간섭도 없이 한강을 거슬러 서쪽 바다를 통해 중국으로 나아갈 수 있게 된 거야. 진흥왕은 김무력 장군에게 큰 상을 내렸어.

"빼앗은 백제의 동북쪽에 신주를 설치하고 김무력 장군을 군주로 삼겠다."

"큰 은혜를 입습니다."

김무력 장군은 무릎을 꿇고 다시

한번 진흥왕에게 충성을 맹세했어. 진흥왕은 백제에서 빼앗은 땅을 '신주'라고 이름 붙였어. 신라의 새로운 영토라는 뜻이었지.

삼국 제일의 국가로 우뚝 서다

120년간 이어져 오던 신라와 백제의 동맹이 깨지자 백제 왕은 신라의 배신에 치를 떨었어. 그렇다고 당장 신라로 쳐들어가 원수를 갚을 수는 없었어. 잦은 전쟁으로 군사들은 모두 지쳤고, 백성들의 원망은 커지고 있었거든.

진흥왕은 백제가 복수할 것을 예상하고 백제 달래기에 나섰어.

"백제에 혼인 동맹을 제안할 것이다. 백제 공주를 왕비로 맞이한다고 하면 백제 왕도 더 이상 신라를 적으로 여기지 않을 것이다."

"백제가 받아들일지 모르겠습니다."

신하들은 의심스러워했어. 하지만 백제 성왕은 진흥왕의 제안을 받아들여 자신의 딸을 진흥왕에게 시집보냈어. 그러면서도 급히 왜와 가야에 군사를 요청하는 사신을 보냈지. 여전히 가야에는 백제를 따르는 세력이 남아 있었고, 왜도 백제나 가야와의 무역에 늘 훼방을 놓는 신라를 못마땅해하던 참이었거든.

554년, 왜의 군대가 백제에 도착했어. 가야도 백제를 돕기 위해 군사를 보냈지. 백제의 태자 창은 군사를 이끌고 새벽을 틈타 신라의 관산성으로 쳐들어갔어. 동이 트려면 아직 먼 시간이라 사방이 캄캄했어. 보초들도 방심한 듯 횃불마저 꺼져 갔지.

"공격하라!"

태자 창의 공격 명령이 떨어졌어. 백제군은 커다란 통나무 둥치로 성문을 깨부수기 시작했어. 불화살을 퍼붓자 성안이 활활 타올랐지. 성벽 여기저기로 사다리가 놓이고, 백제군들이 성벽을 기어올랐어.

태자 창의 목소리가 울려 퍼졌어.

"관산성을 빼앗아라!"

"와아!"

백제군들의 함성은 어둠마저 깨뜨렸어.

뒤늦게 김무력 장군이 군사들을 이끌고 관산성으로 달려갔어. 하지만 이미 관산성에는 백제의 깃발이 펄럭이고 있었어. 그때 믿기지 않는 정보가 김무력 장군에게 은밀히 전해졌어.

"백제 왕이 오늘 밤에 관산성으로 온다고 합니다."

"정말이냐?"

"네, 적은 수의 군사만 데리고 태자를 격려하러 올 거랍니다."

김무력 장군은 서둘러 군사 수천 명을 보냈어. 군사들은 관산성으로 들어오는 길목에 숨어서 백제의 성왕을 칠 준비를 했어. 아니나 다를까, 백제군이 말발굽 소리를 죽이며 숲길로 들어오고 있었어. 신라군은 백제군을 단숨에 덮쳤지.

"공격하라!"

"으악!"

백제군은 거세게 저항했지만 신라군을 당해 낼 수가 없었어.

김무력 장군은 성왕을 사로잡아 목을 베었어. 성왕이 죽었다는 소식은 순식간에 관산성까지 전해졌어.

"백제 왕이 죽었다. 관산성을 함락하라!"

"백제는 왕 없는 허깨비다!"

백제군은 사기가 땅에 떨어졌어. 태자 창은 죽을힘을 다해 싸웠지만 신라군의 거센 공격을 막아 낼 수가 없었어. 포위망을 뚫고 목숨을 건진 백제군은 많지 않았어. 백제는 이 전투에서 병사 3만여 명을 잃고 말았어.

삼국 통일의 길

"신라를 위해 싸울 수 있는 기회를 주십시오."

화랑 사다함이 진흥왕 앞에 섰어. 562년 신라는 가야를 정벌하기 위한 전쟁을 하고 있었어. 화랑은 귀족의 자제들이 모여 학문과 무예를 단련하는 모임이야. 주로 열다섯 살에서 열여덟 살 정도의 청년들로 이루어졌지. 화랑들은 특히 나라를 위해 전쟁에서 용감하게 싸우는 것을 명예롭게 여겼어.

"너는 아직 너무 어리다."

진흥왕은 어린 사다함이 전쟁에 나가는 것을 허락하지 않았어. 그때 이사부 장군이 진흥왕에게 정중히 아뢰었어.

"화랑들은 그동안 열심히 몸과 마음을 단련했습니다. 이제 나라를 위해 싸우고 공을 세울 기회를 주셔도 좋을 듯합니다."

"허허."

진흥왕은 마지못해 허락했어. 사다함은 진흥왕과 왕을 설득해 준 이사부 장군을 절대 실망시키고 싶지 않았어. 자신과 화랑들을 향한 믿음에 보답하고 싶었지. 사다함은 이사부 장군 앞으로 나갔어.

"장군님, 제가 성을 뚫겠습니다."

"사흘 밤낮을 공격했는데도 끄떡없는 성을 무슨 수로 뚫겠다는 것이냐?"

"화랑도는 전쟁터에서 물러섬이 없는 전사들이옵니다."

사다함은 가야의 성문을 가리켰어.

"저기로 올라가 흰 깃발을 꽂겠습니다. 그러면 가야군은 깃발이 바뀐 것에 당황할 것입니다. 그때 장군님이 가야군을 무너뜨리십시오."

"자신 있느냐?"

"깎아지른 절벽을 수없이 타 보았기에 거뜬합니다."

"좋다. 군사들을 내어 줄 테니 함께 가거라!"

사다함은 가장 날렵한 화랑들을 추렸어. 그러고는 군사들의 호위를 받으며 성문을 향해 내달렸어.

"깃발을 꽂아라!"

사다함은 눈 깜짝할 사이에 성벽을 타고 올라 가야 깃발을 뽑고 흰색 깃발을 꽂았어.

"깃발이 바뀌었다! 공격하라!"

이사부 장군과 신라 군사들은 밀물처럼 성문으로 쳐들어갔어. 가야군은 갑작스럽게 벌어진 일에 허둥지둥했어. 성벽으로 올라오는 신라군을 제대로 막을 수 없었지. 지켜보던 가야 왕은 가야의 운명이 끝났다고 여겼어.

"아, 어쩔 수 없구나."

가야 왕은 성문을 열고 이사부 장군에게 가야를 넘겼어.

가야를 정복한 이사부 장군은 사다함과 함께 진흥왕 앞으로 갔어.

"큰일을 해냈구나."

진흥왕은 크게 기뻐했어.

가야는 늘 신라의 눈엣가시 같은 나라였어. 왜가 신라를 침략할 때나, 백제가 쳐들어왔을 때도 늘 뒤에서 그 나라들을 도왔기 때문이었지. 진흥왕은 이제 신라가 안심하고 북쪽으로 눈을 돌려도 되겠다고 생각했어.

진흥왕은 나라 곳곳을 살펴보려고 길을 나섰어.

정복 전쟁을 벌인 뒤부터 신라의 영토는 몰라보게 넓어졌어. 남쪽 가야를 정복하고 백제의 허리를 쳐 한강을 뚫고 서쪽으로 바닷길도 열어 놨지. 북쪽으로는 함경도 지역까지 점령했어.

'이것이 끝이 아니다. 신라가 삼국 땅 전체의 주인이 되는 날이 올 것이다. 전쟁이 없고, 백성들이 배부르고, 문화가 융성한 나라! 신라는 그런 나라가 될 것이다.'

진흥왕은 정복한 영토를 직접 돌아보며 북한산, 창녕, 황초령, 마운령에 순수비를 세웠어.
　순수비는 왕이 직접 살피며 돌아다닌 곳을 기념하는 비석이야. 비석에는 영토를 확장한 진흥왕의 업적과 함께 신라의 영토를 굳건히 지키겠다는 의지를 새겼지.
　진흥왕은 그렇게 신라의 영토를 돌아본 후 연호를 '태창'으로 바꾸었어. 앞으로 크게 번성할 나라라는 뜻이었지.
　진흥왕은 신하들을 모아 놓고 말했어.

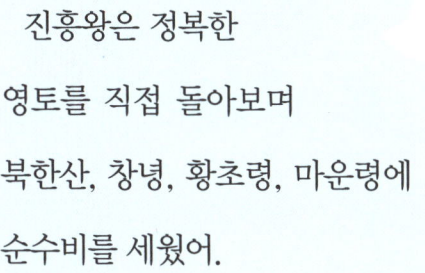

"이제 나라 각 분야의 모든 기반이 튼튼하게 섰으니, 머지않아 그 날이 올 것이다!"

신하들은 모두 알아차렸어. 진흥왕이 말한 그날이 바로 신라가 삼국 통일을 이루는 날이라는 것을 말이야.

인물의 발자취를 찾아 떠나는 여행

고조선 이후 한반도와 주변 지역에는 여러 나라가 생겼어요. 그중에서도 고구려, 백제, 신라 삼국은 강력한 왕권을 중심으로 성장해 갔지요. 삼국은 각기 중앙에 여러 관청을 설치하고 전국을 몇 개의 행정 구역으로 나누어 다스렸어요. 또한 불교를 받아들이고, 율령이라는 법을 만들고, 왕이 아들에게 왕위를 안정적으로 물려주는 제도도 갖추었어요. 이렇게 모든 권력이 중앙에 있는 왕을 향해 집중되는 국가를 중앙 집권 국가라고 불러요.

삼국은 각각 중앙 집권 국가로 성장하면서 정복 전쟁을 통해 영토를 확장했어요. 백제의

광개토 대왕

한강

근초고왕

진흥왕

근초고왕, 고구려의 광개토 대왕과 장수왕, 신라의 진흥왕은 각 나라의 전성기를 이끈 왕입니다.

고구려, 백제, 신라가 가장 치열하게 세력을 다투던 지역은 바로 한강 유역이에요. 한반도의 중심에 있는 한강은 예나 지금이나 여러가지 면에서 중요한 지역이지요. 너른 평야와 풍부한 물이 있어 농사가 잘되고, 많은 인구가 모여 살 수 있는 지역이죠. 게다가 강을 따라 가면 중국까지 연결되는 해상 교통로를 확보할 수 있는 요충지였지요. 그래서 고구려, 백제, 신라 삼국은 모두 각 나라의 최고 전성기에 한강 유역을 차지했었답니다.

한강에서 점점 남쪽으로 수도를 옮긴 백제

맨 처음 한강 유역에 터를 잡은 백제는 근초고왕 시기에 전성기를 맞이했어요.

근초고왕은 바다 건너 중국, 일본과도 교류했지요. 특히 일본에 다양한 선진 문물을 전달해 주었어요. 당시 일본에서는 백제의 물건을 명품이라고 생각했다고 해요. 그래서 '백제가 없으면 하찮다.'는 의미인 '구다라(백제) 나이(없다).'라는 말이 유행했다고 하지요.

현재 일본에서 보관 중인 칠지도는 일곱 개의 칼날이 나뭇가지처럼 뻗은 모양이 인상적인 칼이에요. 칼의 앞면과 뒷면에 글자가 새겨져 있는데 '100번이나 단련한 강철로 만든 칠지도

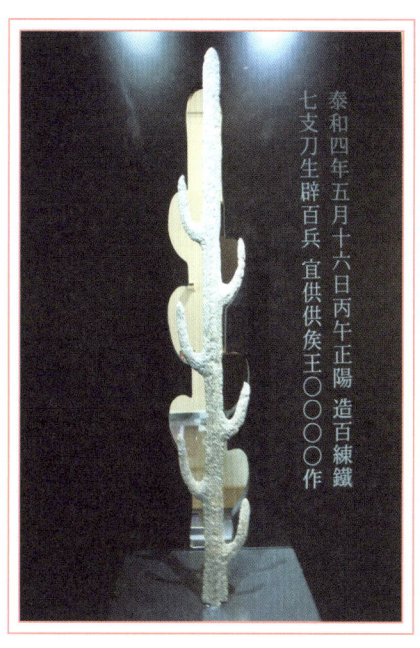

▲ 칠지도(복제 유물) ⓒ 게티이미지코리아

를 백제 왕세자가 일본 왕에게 주었다.'는 내용으로 보아 백제 문화의 위상을 알 수 있어요.

고구려가 점차 강해질수록 백제는 세력이 약해져 수도를 옮겨 다녔어요. 위례(한성, 지금의 한강 유역)에서 웅진(지금의 공주)으로, 그리고 마지막에는 사비(지금의 부여)로 수도를 옮겼지요. 그래서 백제의 문화유산은 서울, 공주, 부여 및 전라북도 익산 일대에서 두루 발견되고 있어요. 그중에서도 공주, 부여, 익산의 백제 역사 유적 지구는 2015년에 유네스코 세계 문화유산으로 지정되었답니다.

▲ 백제 금동대향로 ⓒ 국립중앙박물관   ▲ 부여 왕릉원(부여 능산리 고분군) ⓒ 문화재청

▲ 공주 공산성 ⓒ 문화재청

▲ 중국 지린성 지안에 위치한 장군총 ⓒ Prcshaw

만주 벌판에서 한강 남쪽까지 영토를 확장한 고구려

고구려의 제19대 왕인 광개토 대왕은 수많은 전쟁에서 승리하며 만주 벌판으로 영토를 넓혀 갔어요. 덕분에 중국의 지린성 부근에는 많은 고구려 유적이 남아 있어요.

장수왕의 무덤으로 여겨지는 장군총은 그 모습이 마치 거대한 피라미드의 윗부분을 잘라 놓은 듯하지요? 이 무덤 양식은 백제 초기의 무덤과도 비슷해요. 이는 고구려에서 사람들이 내려와 백제를 세웠기 때문이에요.

장군총에서 멀지 않은 곳에는 장수왕이 광개토 대

▲ 광개토 대왕릉비 ⓒ 게티이미지코리아

왕을 기리기 위해서 만든 광개토 대왕릉비가 세워져 있습니다. 높이 6미터가 넘는 비석에는 광개토 대왕이 수없이 많은 전투에서 승리했다는 기록이 남겨져 있어요.

　광개토 대왕의 뒤를 이은 장수왕은 한강이 있는 남쪽으로 눈을 돌렸어요. 오늘날 아차산과 그 근처에 군사 시설을 만들고 한강 남쪽을 호시탐탐 노렸죠. 그래서 아차산에는 고구려가 쌓은 보루(적의 침입을 막기 위해 쌓은 시설물) 유적이 남아 있어요. 또한 이곳에서 출토된 유물들이 구리시의 고구려 대장간 마을에 전시되어 있지요.

　고구려가 한강 남쪽의 충주 지역까지 영토를 넓힌 기념으로 세운 충주 고구려비는 남한에 남아 있는 유일한 고구려 비석이에요. 충주의 옛 지명에서 비롯된 중원 고구려비라는 이름으로도 불린답니다.

　고구려 초기의 무덤은 돌을 쌓아서 피라미드처럼 만들어졌지만, 그 후에는 돌로 사각형의 방을 만들어 각각의 벽에 벽화를 그려 넣는 무덤이 만들어졌어요. 북한의 황해남도 안악군에서 발견된 고분 벽화에는 당시 고구려 사람들의 생활 모습이 고스란히 담겨 있어요. 가마를 탄 귀족, 시중을 드는 하인, 고기가 보관된 창고나 부엌도 볼 수 있답니다.

▼ 아차산 일대 보루군 ⓒ 문화재청

▲ 고구려 대장간 마을(재현) ⓒ 연합뉴스

▲ 충주 고구려비 ⓒ Lawinc82

▲ 안악3호분의 벽화 ⓒ 한성백제박물관

삼국 중 마지막으로 한강을 차지한 신라

신라는 백제나 고구려보다 늦게 성장했어요. 그래서인지 진흥왕의 영토 확장을 향한 의지는 활활 타올랐어요. 대가야를 끝으로 여섯 가야를 모두 정복하고 한강을 차지한 후에는 기세를 몰아 함경도까지 영토를 확장했어요. 진흥왕은 자신이 정복한 지역을 돌아보고 이 땅이 신라의 땅이라는 표시로써 비석을 세웠지요. 창녕에, 그리고 한강이 내려다보이는 북한산에 순수비가 세워졌어요. 함경도 황초령과 마운령에도 세워졌지요. 한반도의 한쪽에 치우쳐 있던 신라가 한반도 한가운데를 흐르는 한강까지 영토를 확장한 것은 매우 중요한 의미가 있었을 거예요.

부처님의 힘으로 백성들의 마음을 한데 모으려 했던 진흥왕은 경주에 황룡사를 짓기 시작합니다. 이후 신라 선덕 여왕은 황룡사에 약 80미터에 이르는 9층 목탑을 세웠어요. 부처님의 힘으로 주변 나라의 침입을 막는다는 의미였지요. 비록 고려 시대에 몽골의 침략으로 불타 버렸지만, 황룡사 9층 목탑을 재해석한 경주타워가 2007년에 경주엑스포대공원에 세워졌어요.

▲ 서울 북한산 신라 진흥왕 순수비(현재 국립중앙박물관으로 옮겨졌다.) ⓒ 문화재청

▲ 황룡사 9층 목탑(복원도) ⓒ 문화재청

▲ 경주 황룡사지 ⓒ 문화재청

경주 노서동에서 출토된 금귀걸이, 금목걸이, 금관 등 공예품을 통해서 신라의 찬란한 문화와 강력한 왕권을 확인할 수 있죠.

한강을 차지한 신라는 이후 삼국 통일을 이루고 통일 신라 시대의 문을 엽니다.

▲ 경주 노서동 금귀걸이 ⓒ 문화재청　　▲ 경주 노서동 금목걸이 ⓒ 국립중앙박물관　　▲ 경주 노서동 금관총의 금관 ⓒ 국립중앙박물관

95

인물 연표

◆ 근초고왕

?	346
백제 제11대 왕 비류왕의 아들로 태어났어요.	백제 제13대 왕이 되었어요.

◆ 광개토 대왕

374	386	391
고구려의 제18대 왕 고국양왕의 아들로 태어났어요.	고구려의 태자가 되었어요.	왕위에 오르고 '영락'이라는 독자적인 연호를 사용했어요.

◆ 진흥왕

534	540	545
법흥왕의 조카이자 외손자로 태어났어요.	일곱 살의 어린 나이에 신라 제24대 왕으로 왕위에 올랐어요.	거칠부에게 신라의 역사서 《국사》를 편찬하게 했어요.

369 고구려 고국원왕의 침입을 물리치고 마한을 정복했어요.

371 고구려의 평양성을 공격해 고국원왕을 전사시켰어요.

375 백제의 전성기를 열고 세상을 떠났어요.

396 2차 백제 정벌에서 백제 아신왕에게 항복을 받아 냈어요.

407 후연의 군대를 크게 이기고 요동반도를 차지해요.

412 영토를 남북으로 크게 넓히며 고구려의 전성기를 이룩하고 세상을 떠났어요.

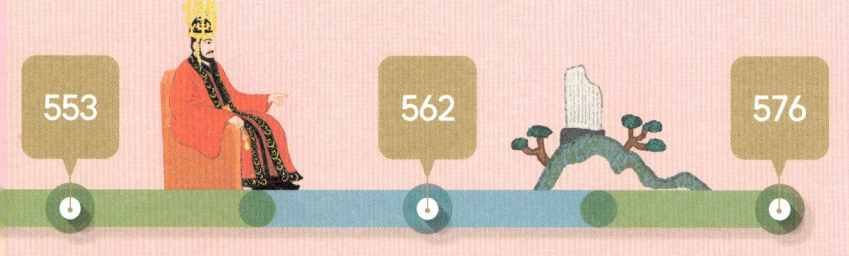

553 황룡사를 세우게 했어요.

562 대가야를 정복했어요.

576 한강 유역을 포함해 신라 영토를 크게 넓히고 세상을 떠났어요.

찾아보기

개국 ······ 71
광개토 대왕릉비 ······ 59, 91, 92
교역 ······ 15, 16, 18
국경 ······ 50, 69

도성 ······ 9, 50
동진 ······ 15, 16, 18

마한 ······ 15, 16, 30, 97
말등자 ······ 45
민심 ······ 13

박사 ······ 28, 30
반역 ······ 44
병부 ······ 66
불호령 ······ 52

섭정 ······ 65, 71
수군 ······ 18, 50

순수비 ······ 85, 94

어라하 ······ 13, 15, 24
연호 ······ 38, 39, 57, 71, 85, 96
영락 ······ 38, 39, 57, 96
오랑캐 ······ 45
오합지졸 ······ 21
왕권 ······ 13, 28, 33, 41, 44, 68, 72, 88, 95
왕즉불 ······ 68
요동 ······ 53, 54, 57
요동반도 ······ 59, 97
요하 ······ 59
유학자 ······ 28, 30
율령 ······ 88

저잣거리 ······ 9
정예군 ······ 22, 23
조공 ······ 57

칠지도 28, 29, 30, 89

퇴각 76

화랑 81, 82, 83
황룡사 74, 94, 97
후연 53, 54, 55, 56, 97
흥륜사 67

삼국의 영웅

초판 1쇄 발행 2024년 01월 05일
초판 2쇄 발행 2024년 01월 30일

글 김해등 **그림** 정인성·천복주
발행처 주식회사 스푼북 **발행인** 박상희 **총괄** 김남원
편집 길유진 김선영 박선정 김선혜 권새미
디자인 이지숙 조혜진 정진희 **마케팅** 구혜지 박미소
출판신고 2016년 11월 15일 제2017- 000267호
주소 (03993) 서울시 마포구 월드컵북로 6길 88-7 ky21빌딩 2층
전화 02- 6357- 0050(편집) 02- 6357- 0051(마케팅)
팩스 02- 6357- 0052 **전자우편** book@spoonbook.co.kr

ⓒ 김해등, 정인성·천복주 2024
ISBN 979-11-6581-481-6 (73910)

* 저작권법에 의하여 한국 내에서 보호를 받는 저작물이므로 무단 전재와 무단 복제를 금합니다.
* 잘못 만들어진 책은 구입하신 곳에서 바꾸어 드립니다.

| **제품명** 삼국의 영웅 |
| **제조자명** 수식회사 스푼북 \| **제조국명** 대한민국 \| **진화번호** 02-6357-0050 |
| **주소** (03993) 서울시 마포구 월드컵북로6길 88-7 ky21빌딩2층 |
| **제조년월** 2024년 01월 30일 \| **사용연령** 10세 이상 |
| ※ KC마크는 이 제품이 공통안전기준에 적합하였음을 의미합니다. |

⚠ 주 의
아이들이 모서리에 다치지 않게 주의하세요.